야호! 신난다! 재잘재잘 역사여행

모두가 잘 사는 나라를 만들어요.
- 목민심서 정약용 -

정약용은 양반 집안의 막내아들로 태어났지만, 소문난 개구쟁이였어요.
그리고 씻는 것을 몹시 싫어했어요.
"얘 약용아, 얼굴 좀 씻어라." "싫어요. 어머니."
어린 약용은 씻으라는 어머니를
요리조리 피해 다녔어요.

정약용(1762~1836)
5백여 권의 책을 쓴 조선 후기 대표적인 실학자예요.

그러나 글공부 시간이 되면 가장 먼저 달려가 즐겁게 공부했어요.
약용은 쉬운 책이든 어려운 책이든 열심히 읽고 또 읽었어요.

글공부를 열심히 한 정약용은 과거에 합격해 성균관에 들어갔어요. 정약용은 성균관에 가서도 치르는 시험마다 일등을 하였어요.

* 성균관 : 선비들이 모여 성리학을 공부하던 곳이에요.

오늘은 어딜 가서 아이들 먹일 음식을 구하지.

가뭄으로 올해 농사도 망했구나.

정약용이 살던 시대는 가뭄과 홍수가 자주 일어나 농사에 많은 피해를 주었지요.
농사를 망친 백성들은 먹을 것이 없어 굶주렸지만, 관리들은 높은 벼슬을 차지하려고 싸우기 바빴어요.

정약용은 백성의 생활에 도움을 주는 '실학'이라는 학문을 알게 되었어요.
특히 많은 백성이 농사를 지었기 때문에 농사에 관심을 가졌어요.
"많은 곡식을 수확하려면 새로운 농기구가 있어야 해.
그리고 농사를 짓는 백성이 땅의 주인이 되어야 해."

*실학 : 생활에 도움이 되는 모든 것을 연구하는 학문이에요.

정조 임금은 아버지의 무덤이 있는 수원에 새로운 성을 지으려고 했어요.
그리고 과학 기술에도 뛰어난 정약용에게 공사를 맡겼어요.
'성을 튼튼하게 쌓으려면 돌을 써야 하는데,
무거운 돌을 들어 올리다가 사람들이 다칠까 봐 걱정이구나.'
정약용은 그날부터 중국과 서양의 성곽 책과 돌을 들어 올리는 기계에
관한 책을 읽으며 밤낮으로 연구했어요.
정약용은 무거운 돌을 들어 올리는 '거중기'를 만들었어요.
거중기는 백성들의 수고를 덜어주고,
성을 쉽고 빠르게 쌓도록 도와주었어요.

수원 화성
1796년 정조 임금이 수원에 새로 만든 도시예요. 정조 임금은 도시 이름을 화성이라 짓고,
견고한 돌성을 쌓아 화성을 방어했답니다.

또한, 정약용은 정조 임금의 명령으로 백성들의 생활을 살핀 경험을 거울 삼아, 〈목민심서〉라는 책을 썼어요.

정약용(1762~1836)
5백여 권의 책을 쓴 조선 후기 대표적인 실학자예요.

정약용은 <목민심서>를 통해 백성들을 사랑하고 백성들의 뜻을 임금님에게 바르게 알리는 관리의 역할을 알려주었어요.
정약용은 나라의 주인은 임금과 양반이 아니라 백성이라 생각하고 모두가 잘사는 나라를 만들기 위해 노력하였답니다.

"절대 그 종이에 국새를 찍을 수 없다!"
순종 황제는 찍기를 거부했어요. 그때 황후가 치마폭에 국새를 숨겼지요.
하지만 신하들은 국새를 빼앗아 강제로 일본과 조약을 맺었어요.
그날부터 우리나라는 35년간 일본의 지배를 받았어요.

* 국새 : 국가적 문서에 사용하던 임금의 도장이에요.

순종 황제(1874~1926)
조선 제27대 임금이에요. 조선이 일본의 지배를 받은 뒤 '창덕궁 이왕'으로 불렸어요.

1919년, 빼앗긴 나라를 되찾자는 외침이 전국 곳곳에 울려 퍼질 때였어요. 김구 선생은 일본의 눈을 피해 중국 상하이로 향했지요.
"독립운동을 하나로 이끌 조직이 필요해."
1919년 4월 13일, 김구 선생과 뜻을 모은 사람들은 중국 상하이에 '대한민국 임시 정부'를 세웠어요.

김구(1876~1949)
조선말~대한민국까지 정치가이자 독립운동가로 활동했어요.
일제강점기 중국 상하이에서 '대한민국 임시정부'를 조직해 광복 때까지 독립을 위해 노력하신 분이에요.

초대 대통령은 이승만 선생이었지만 곧 김구 선생이 대표가 되었지요.
김구 선생은 독립운동에 필요한 돈을 마련하고,
임시 정부의 군대인 '한국 광복군'을 만들었어요.
임시 정부는 우리 민족에게 독립의 희망을 심어주었답니다.

1932년, 윤봉길 의사는 훙커우 공원으로 떠나기 전 김구 선생에게 말했어요.
"제 시계는 어제 6원을 주고 산 시계인데, 선생님의 시계는 2원짜리이니
제 시계와 바꿉시다. 제 시계는 앞으로 한 시간밖에 쓸 수 없으니까요."
이미 나라를 위해 죽을 각오를 한 윤봉길 의사는
훙커우 공원에 모인 일본 군인들에게 폭탄을 던졌어요.

* 의사 : 나라를 위해 자기 몸을 바쳐 일한 의로운 사람을 말해요.

일본은 세계 여러 나라를 상대로 전쟁을 벌였어요. 전쟁에 필요한 무기를 만들려고 우리나라의 철과 구리, 심지어 숟가락까지도 빼앗아 갔지요. 많은 젊은이가 전쟁터로 끌려갔지만, 나라를 되찾아야 한다는 독립운동을 포기하지 않았어요.

마침내 **1945년 8월 15일**, 일본은 항복했어요.
일본에 빼앗긴 나라를 되찾을 수 있었던 것은 목숨을 건 수많은 사람의 노력 덕분이랍니다.

1948년 갈라진 남과 북, 사이에 6·25 전쟁이 일어났어요. 3년이나 계속된 전쟁으로 곳곳에 집이 불타고 사람들은 가족과 헤어져야 했어요. 전쟁으로 남과 북은 서로를 미워하는 마음을 갖게 되었어요.

그 뒤 60년이 넘는 세월이 흘렀지만, 지금까지도 남과 북은 나뉘어져 있어요. **휴전선**으로 나누어진 우리 민족을 하나로 통일하는 것이 앞으로 우리가 해야 할 일이랍니다. *"우리의 소원은 통일"*

* 휴전 : 전쟁 중인 두 나라가 서로 합의하여 전쟁을 얼마 동안 멈추는 일을 말해요.

판문점(경기도 파주시 진서면)
1953년 7월 27일 남한과 북한의 휴전협정이 이루어진 곳으로 남북의 '공동경비구역'이에요.

우리나라의 발전

우리나라는 일본의 지배와 나라가 둘로 나누어지는 전쟁의 고통을 겪었지만, 좌절하지 않았어요. 사람들은 무너진 집과 건물을 다시 지었어요. 돈을 벌기 위해 해외에 나가 힘든 일도 열심히 했지요.

우리나라는 세계인의 큰 축제인 88서울올림픽을 치렀고, 2002년에는 월드컵이 열려 붉은 악마의 뜨거운 응원을 세계에 보여주었어요. 그리고 2018년에는 평창에서 동계올림픽이 열린다고 해요.

빨리 달리는 KTX만큼이나 빠른 경제 성장을 이룬 우리나라는 세계를 이끌어가는 나라 중 하나로 성장했답니다.